Inhaltsverzeichnis

Vorwort der Autorin	2
Hinweise, Informationen und Tipps	3
Übersicht über die Themenschwerpunkte und Zusatzangebote	4
Aufgaben zur Medienkompetenz	5
Einstieg:	
Das Mittelalter – eine Zeitleiste	8
Menschen im Mittelalter	10
Arbeitsblätter zu den Themenschwerpunkten	11
Farbige Bildkarten	21
Arbeitsblätter zu den Zusatzangeboten	33
Mein Ritter- und Burgen-Lexikon	39
Was hast du behalten?	41
Lösungen	42

Passend zu diesem Themenheft

erhalten Sie **kostenlos Animationen**

und **interaktive Angebote** für die Kinder.

Einfach den QR-Code scannen.

Ritter und Burgen

Vorwort der Autorin

Das Mittelalter – die Zeit der Ritter und Burgen – fasziniert bereits Kinder im Grundschulalter. Mit den Materialien des vorliegenden Themenheftes begeben Sie sich mit Ihren Kindern auf die Entdeckungsreise in diese abenteuerliche und geheimnisvolle Zeit.
Die vorliegenden Materialien sind fächerübergreifend. Sie enthalten grundlegende Angebote, die die Anforderungen der Richtlinien und Lehrpläne Sachunterricht, Deutsch und Kunst abdecken. Daneben werden zusätzliche Arbeitsanlässe angeboten, die ergänzend im Deutsch- und Sachunterricht eingesetzt werden können, aber auch zahlreiche Materialien zum Bereich Gestaltung.
Die Reihenfolge der Themenschwerpunkte kann variiert werden. Im Grundlagenteil gibt es zu jedem Themenschwerpunkt zwei Angebote mit unterschiedlichen Schwierigkeitsgraden. Die Schwierigkeitsgrade sind mit (1. Differenzierung) oder (2. Differenzierung) gekennzeichnet. Die Materialien können daher zur inneren Differenzierung oder als vorbereitende oder vertiefende Hausaufgabe eingesetzt werden.
Am Ende der Zusatzangebote (ab S. 33) finden Sie ein Kontrollblatt „Was hast du behalten? (s. S. 41). Es kann als Selbstkontrolle für die Kinder oder als Lernzielkontrolle eingesetzt werden. Dieses Blatt kann auch interaktiv am Rechner ausgefüllt werden.
Die Aufgabenstellungen sind unterschiedlich formuliert: Einige Aufgaben sind auf der Kopie des Arbeitsblattes auszuführen, andere sind auf einem Linienblatt zu bearbeiten. Es empfiehlt sich daher, dass jedes Kind seine Arbeitsergebnisse in einer Mappe sammelt und vielleicht am Ende der Unterrichtseinheit zu seinem „Ritter und Burgen-Buch“ binden kann.

Ich wünsche Ihnen viel Spaß und Erfolg auf Ihrer Entdeckungsreise ins Mittelalter zu den Rittern und Burgen!

Eva-Maria Schmidt

Hinweise, Informationen und Tipps

Die Seiten zur Medienkompetenz (S. 8–10) können variabel eingesetzt werden – zum Einstieg, zum Festigen und Präsentieren, für intensive Medienstunden oder immer wieder zwischendurch. Sie entsprechen verschiedenen Bereichen des Lehrplans zur Medienkompetenz.

Vorschläge für einen möglichen Einstieg ins Thema:

- „Stummer Impuls“ – Bildimpuls siehe Seite 21–24: Die Bilder von der Burganlage, von der Ritterrüstung und von den mittelalterlichen Personen eignen sich gut für einen Einstieg. Die Kinder werden neugierig. Gleichzeitig kann schon eventuell vorhandenes Vorwissen eingebracht werden.
- Erstellen einer Mindmap: Um das Vorwissen festzuhalten und das Thema zu gliedern, kann gemeinsam an der Tafel oder dem Whiteboard eine Mindmap entwickelt werden.
- Typisches Motiv zum Thema (z. B. Burganlage oder Ritterrüstung) auf Folie kopieren, mit einem (in kleine Teile zerschnittenen) Blatt Papier abdecken und die Teile nach und nach entfernen. Die Kinder raten, was auf dem Bild zu erkennen ist und äußern ihre Gedanken dazu.
- Eckengespräch: Die Kinder der Klasse werden in vier Gruppen (Pro Gruppe maximal sechs Kinder!) aufgeteilt. In jeder Ecke des Klassenraums werden ein großes Plakat (DIN A1 oder DIN A2), zwei dicke Stifte sowie jeweils unterschiedliche Fragen zum Thema bereitgelegt. Mögliche Fragen zum Thema „Ritter und Burgen“:
  - Wer lebte auf einer Burg?
  - Wie wurde die Burg gebaut?
  - Wie wurde man Ritter?
  - …

Die Kinder einer jeden Gruppe sollen über ihre Frage miteinander ins Gespräch kommen und ihre Ergebnisse auf dem Plakat festhalten. Nach etwa fünf Minuten wechseln die Gruppen jeweils zur nächsten Ecke. Das Eckengespräch ist beendet, wenn jede Gruppe einmal in jeder Ecke war.

Übersicht über Einstiegs-Angebote, Schwerpunktthemen und Zusatzangebote

Einstieg:

Das Mittelalter – Eine Zeitleiste	8
Menschen im Mittelalter	10

Schwerpunktthemen:

Themen-schwerpunkt	**Schwierigkeitsgrad**		**Seite**
	1. Differenzierung	**2. Differenzierung**	
Ritter	Das Leben der Ritter	Das Rittertum	11
Erziehung zum Ritter	Vom Pagen zum Ritter	Das Turnier – auf dem Weg zum Ritter	13
Rüstung und Waffen	Die Ritterrüstung	Rüstungen und Waffen der Ritter	17
Burgen	Burgen früher und heute	Verschiedene Burgen	20
Die Ritterburg	Der Aufbau einer Burg	So war die Burg aufgebaut	27
Menschen und Alltag auf der Burg	Menschen auf der Burg	Menschen und ihre Arbeit auf der Burg	31

Zusatzangebote:

Deutsch	Redensarten aus der Ritterzeit	33
Sachunterricht	Das Ritterturnier	35
Sachunterricht	Frauen auf der Burg	36
Sachunterricht	Wappen	37
Kunst	Eine Ritterburg bauen	38
Sachunterricht	Mein Ritter- und Burgen-Lexikon	39
Lernzielkontrolle	Was hast du behalten?	41

BVK • Eva-Maria Schmidt: Themenheft Geschichte „Ritter und Burgen“

Medienkompetenz – Aufträge

Informieren und Recherchieren

- Suche dir eine Burg oder einen berühmten Ritter aus und suche nach Informationen. Nutze mindestens zwei verschiedene Quellen. Schreibe auf, wo du die Informationen gefunden hast.
  Tipps:
  www.helles-koepfchen.de
  https://klexikon.zum.de/wiki/Ritter
  www.geo.de/geolino/wissen/14449-thma-ritter
  *www.kinderzeitmaschine.de/mittelalter/*hochmittelalter
- Recherchiere im Internet oder in Büchern zu Burgen. Sprecht euch in der Klasse ab, wählt möglichst verschiedene Burganlagen.
  Tipp: *www.zdf.de/kinder/purplus/ritter-104.html*

Wichtig: Schreibe auf, was du wann wo gefunden hast!

Medienkompetenz – Aufträge

Produzieren und Präsentieren

- Erstelle einen Steckbrief zu der Burg aus deiner Recherche-Aufgabe. Gestalte den Steckbrief ansprechend. Du kannst Bilder aus dem Internet nutzen oder etwas zeichnen. Ihr könnt die Steckbriefe zu den verschiedenen Burgen sammeln und zu einem Buch binden oder sie an einer Präsentationswand ausstellen.

- Baut gemeinsam eine eigene Burg. Überlegt zunächst, welches Material sich eignet. Ob aus Pappe, Holz, Styropor® oder Ton – denkt daran, dass die Burg stabil sein soll. Macht euch auch über die Größe Gedanken.

- Erstellt jeweils ein Lernplakat zum Thema „Ritter und Burgen“. Legt die Plakate in der Klasse aus und führt einen Museumsrundgang durch. (Dabei wird nur gelobt, nicht kritisiert.)

Medienkompetenz – Aufträge

Kommunizieren und Kooperieren

- Erzählt euch von euren Recherche-Ergebnissen. Wo findet ihr leicht Informationen? Wo ist es schwierig, glaubwürdige Angaben zu finden? Besprecht eure Such-Strategien und notiert euch die wichtigsten Tipps.
- Stellt euch gegenseitig eure Steckbriefe zu den Burgen vor. Besprecht gemeinsam, welche Steckbriefe besonders gut gelungen sind. Wählt drei Beiträge für eine Ausstellung aus.
- Besprecht eure Erkenntnisse über Ritter und Burgen. Gebt euch gegenseitig Tipps, wo ihr noch mehr Informationen finden könnt oder was ihr verbessern könnt.

Medienkompetenz – Aufträge

Analysieren und Reflektieren

- Überlegt zu zweit:
  Was ist zum Thema „Ritter und Burgen“ am bekanntesten?
  Welche Informationen, die ihr gefunden habt, haben euch überrascht?
  Findet ihr, dass die Informationen zu Rittern ausgewogen dargestellt werden?
  Was ist mit der Rolle der Frauen zu der Zeit der Ritter?
  Was wird über das Leben der Kinder berichtet?
  Welche Aspekte fehlen in der üblichen Berichterstattung über die Zeit der Ritter?
- Schaue dir die Quellen für deine Informationen noch einmal an und bewerte sie:
  Welche Quellen waren gut und haben verständliche und nachweisbare Informationen geliefert?

Burgen-Steckbrief

Name: ______________________________

Standort / Lage: ______________________________

____

Burgentyp: ______________________________

Entstehungszeit: ______________________________

Größe: ______________________________

Aussehen: ______________________________

____

____

____

Besonderheiten: ______________________________

____

____

____

Name: ____________________ Datum: ____________

Das Mittelalter – eine Zeitleiste (1)

Aufgaben:

1. Lies den Text.
2. Bastle eine Zeitleiste. Klebe zwei DIN-A4-Blätter an den kurzen Seiten aneinander.
3. Schneide die beiden Streifen der Zeitleiste von Arbeitsblatt (2) aus und klebe sie an den Laschen aneinander auf die Blätter.
4. Jeder Strich steht für 100 Jahre. Trage nun die Fünfhunderterzahlen und Tausenderzahlen ein. Schreibe so: 500 v. Chr., 500 n. Chr., 1000 n. Chr., 1500 n. Chr., 2000 n. Chr.
5. Markiere nun den Zeitraum des **Mittelalters.** Das frühe Mittelalter begann etwa ab 500 n. Chr. und endete im späten Mittelalter um das Jahr 1500 n. Chr.
6. Auf der Zeitleiste erkennst du Pfeile nach vorne und nach hinten. Kannst du dir denken warum? Schreibe eine kurze Erklärung.

Die Zeit der Ritter und Burgen war das **Mittelalter.** Als Mittelalter bezeichnet man den Zeitraum zwischen der **Antike** (Altertum) und der **Neuzeit.**

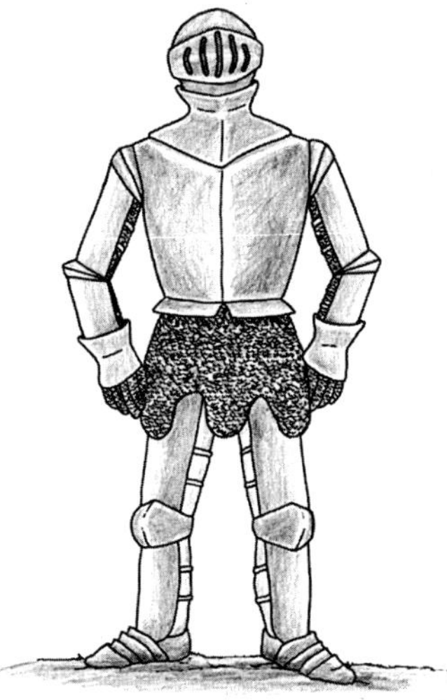

Die Antike endete etwa um das Jahr 500 n. Chr. mit dem Zerfall des Römischen Reiches. Ab diesem Zeitpunkt spricht man von **Frühmittelalter** oder frühem Mittelalter.

Die Zeit des Mittelalters dauerte etwa 1000 Jahre. Das Rittertum entwickelte sich aber erst ab dem Jahr 1000 n. Chr. im **Hochmittelalter.** Ritter gab es dann bis ins **Spätmittelalter,** also bis zum Ende des Mittelalters.

Eine neue Zeit begann mit der Erfindung des Buchdruckes (um 1450), der Entdeckung Amerikas (1492) und der Spaltung der christlichen Kirche durch Martin Luther (ab 1517). Etwa ab dem Jahr 1500 n. Chr. sprechen wir von der **Neuzeit.**

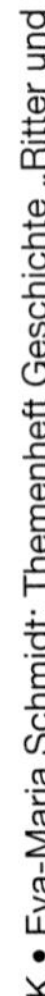

Name: ____ Datum: ______________

Das Mittelalter – eine Zeitleiste (2)

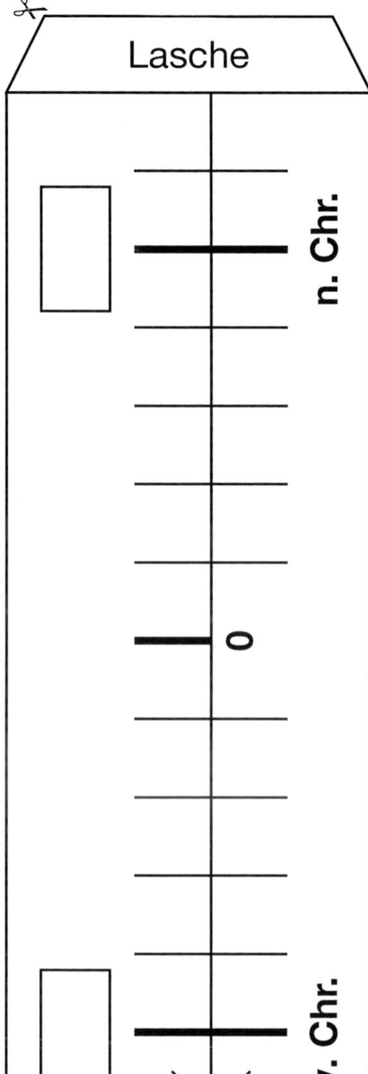

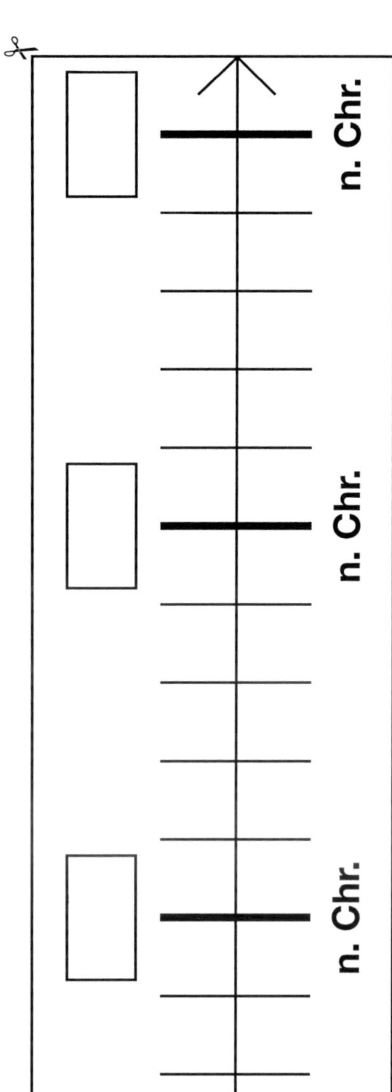

Name: ______________________________ Datum: ______________

Menschen im Mittelalter

Aufgaben:

1. Lies den Text
2. Setze nun die **fett** gedruckten Begriffe in die Tabelle ein.
3. Suche im Internet nach Informationen zum *Lehnswesen.*
   Schreibe eine Erklärung in dein Heft.

Im Mittelalter wurde die gesellschaftliche Stellung der Menschen bestimmt von ihrer Herkunft. **Kaiser** und **Könige** waren damals die mächtigsten Menschen. Sie wurden als Prinzen geboren und ihnen gehörten die Ländereien in ihrem Reich. Sie bestimmten auch, was in ihrem Land und mit allen Einwohnern geschah!

Da die Kaiser und Könige nicht alles in ihrem Land selbst regeln konnten, verliehen sie große Ländereien an **Fürsten** und **Bischöfe.** Diese Leihgabe nannte man *Lehen.*

Die Fürsten und Bischöfe verliehen das Land weiter an **Grafen** und **Ritter.**
Als Gegenleistung für das Lehen mussten sie in Kriegszeiten für den König oder Kaiser das Land verteidigen und für ihn kämpfen. Kaiser, Könige, Fürsten, Bischöfe, Grafen und Ritter gehörten zum *Adel.*

Die meisten Menschen lebten jedoch im Mittelalter als **Bauern.** Ihnen lieh der Ritter etwas Land zur Bewirtschaftung. Die Bauern hielten Nutztiere und bauten auf dem Feld Getreide und Gemüse an. Sie mussten häufig mit dem auskommen, was sie selbst anbauen und ernten konnten. Den zehnten Teil ihrer Ernte und ihrer Nutztiere mussten sie jedoch als Zins für das geliehene Land einmal jährlich abgeben. Da die Bauersfamilien dem Ritter gehörten und seine *Leibeigenen* waren, fanden die Frauen und Kinder der Bauern bei Angriffen Schutz auf der Ritterburg. Die Bauern zogen mit dem Ritter in den Krieg.

Neben den Bauern gab es auch **freie Bauern.** Sie waren sehr arm, aber ihnen gehörte ein kleines Stückchen Land selbst.

Im Mittelalter entstanden auch die ersten Städte. Sie waren zunächst noch sehr klein. Köln hatte zum Beispiel um das Jahr 1100 nur etwa 12000 Einwohner. In den Städten lebten die **Bürger.** Sie waren frei und unterstanden nicht den Adeligen. Die Bürger hatten eigene Rechte und Besitz.

Herrscher	
Adel	
freie Menschen	
Leibeigene	

Name: ______________________________ Datum: ______________

Das Leben der Ritter

Aufgaben:

1. Lies den Text aufmerksam.
2. Lies nun die Sätze. Sind sie richtig ☺ oder falsch ☹?
3. ☒ Kreuze an!

Das Rittertum entstand etwa ab dem Jahr 800 n. Chr. im frühen Mittelalter.
Die Ritter unterstanden dem König oder einem Fürsten. Für ihn zogen sie in den Krieg, verteidigten das Land vor Feinden oder eroberten neues Land. Als Lohn erhielten sie dafür Land mit Dörfern.

Viele Ritter lebten in den Dörfern in Steinhäusern inmitten kleinerer Bauernhäuser. Nur wenige Ritter waren so reich, dass sie eine Burg bauen konnten.

In Friedenszeiten verwaltete der Ritter sein Land.
Weil dem Rittern das Land gehörte, mussten die Bauern für ihn arbeiten. Wenn er gut wirtschaftete, konnte der Ritter wohlhabend werden.

Ritter mussten tapfer, treu und gütig sein. Sie schworen, die Armen und Schwachen zu beschützen. Die Ritter hatten deshalb ein hohes Ansehen. Im ausgehenden Mittelalter ab dem Jahr 1500 n. Chr. endete das Rittertum.

	Richtig ☺	Falsch ☹
Das Rittertum entstand im Jahr 1500 n. Chr.		
Die ersten Ritter gab es im frühen Mittelalter.		
Der Ritter zog für den König in den Krieg.		
Alle Ritter lebten auf einer Burg.		
Die Bauern arbeiteten für die Ritter.		
Die Ritter waren sehr angesehen.		
Ritter mussten eitel und stur sein.		

Name: ______________________________ Datum: ______________

Das Rittertum

Aufgaben:

1. Lies den Text.
2. Wenn du alles gut verstanden hast, kannst du die Wörter in den Lückentext einsetzen.
3. Schreibe den Lückentext ab.

Im frühen Mittelalter etwa ab dem Jahr 800 n. Chr. entwickelte sich das Rittertum. Die Ritter unterstanden dem König oder einem Fürsten. Sie verpflichteten sich, für den König oder Fürsten in den Krieg zu ziehen, sein Land vor Feinden zu verteidigen und neue Gebiete zu erobern. Als Lohn überließ der König dem Ritter Ländereien und Dörfer.

Wohlhabende Ritter lebten mit ihren Familien auf Burgen, ärmere Ritter wohnten neben den Bauern im Dorf. Die Ritter waren sehr angesehen. Sie waren die Herren der Burg und der dazu gehörenden Dörfer. Der Ritter überließ den Bauern kleine Stücke seines Landes. So konnten sie Vieh halten, die Felder bestellen und von der Ernte leben. Sie mussten ihrem Burgherren dafür aber Abgaben leisten. Das konnte Geld sein, aber auch Vieh oder ein Teil ihrer Ernte. Dafür bot der Ritter seinen Bauern Schutz vor Feinden auf der Burg. Ein Ritter musste sich stets tapfer, treu und gütig verhalten. Außerdem schwor er, die Armen und Schwachen zu beschützen. Das Rittertum endete im ausgehenden Mittelalter, etwa ab dem Jahr 1500 n. Chr.

Die ersten Ritter gab es im ______________________ Mittelalter.

Sie zogen für den ______________________ in den Krieg und erhielten von

ihm als Lohn ______________________ und Dörfer. Ärmere Ritter lebten in den

______________________ . Nur wenige konnten sich eine ______________________

leisten. Durch die Abgaben der Bauern wurden viele Ritter im Laufe der Zeit

______________________ und erlangten hohes Ansehen.

König – frühen – wohlhabend – Land – Dörfern – Burg

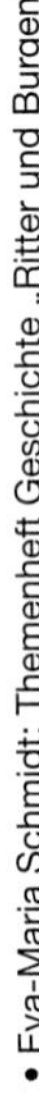

Name: ______________________ Datum: ____________

Vom Pagen zum Ritter (1)

Aufgaben:

1. Lies die Texte.
2. Ordne die Überschriften den Texten zu. Schreibe sie auf die Linien:
   Kindheit auf Burg Hohenfels – Rulff wird Ritter – Aufgaben als Page – Der Knappe Rulff
3. Schneide die Bilder von Arbeitsblatt (2) aus und klebe sie in die Kästen.

____

Rulff wird als adliger Junge geboren. Seine Kindheit verbringt er mit seinen jüngeren Geschwistern auf Burg Hohenfels. Er spielt gern mit den Kindern der Burgbewohner auf den Wiesen rund um die Burg und in den nahen Wäldern. Später soll er einmal die Nachfolge seines Vaters, Ritter Johann von Hohenfels, übernehmen.

____

Als Rulff sieben Jahre alt wird, verlässt er die Burg seines Vaters und zieht zu einem befreundeten Ritter. Ritter Gerold ist nun sein Lehrmeister und übernimmt Rulffs Erziehung zum Pagen. Gerold bringt ihm Reiten, Schwimmen, Bogenschießen und höfisches Benehmen bei. Außerdem übt Ruff lesen, schreiben, tanzen und musizieren. Er hilft in der Küche und im Pferdestall der Burg.

Name: ______________________ Datum: ____________

Vom Pagen zum Ritter (2)

____

Mit 14 Jahren beginnt der nächste Abschnitt in Rulffs Ausbildung zum Ritter. Er wird zum Knappen und lernt viel Neues kennen: verschiedene Kampftechniken, den Kampf mit Lanze und Schwert, jagen, klettern und springen. Für einen angehenden Ritter ist es wichtig, körperlich gut trainiert zu sein! Neben dem Training muss Rulff auch gutes Benehmen lernen und bedient den Ritter beim Essen. Der Knappe begleitet Ritter Gerold auch zu Turnieren und Kämpfen. Er hilft seinem Ritter beim Anlegen der Rüstung, beim Anreichen der Waffen und beim Aufsteigen aufs Pferd.

____

Mit 21 Jahren kehrt Rulff auf die Burg seines Vaters zurück. Hier wird er mit einem großen Fest zum Ritter geschlagen. Nach dem feierlichen Gottesdienst in der Burgkapelle schwört Rulff seinem Herrn ewige Treue. Mit einem Schwert schlägt der Priester Rulff leicht auf die Schulter. Durch diesen Ritterschlag wird Rulff der junge Ritter von Hohenfels. Zu Ehren des neuen Ritters wird anschließend ein Turnier ausgetragen.

Name: ______________________ Datum: ____________

Das Turnier – auf dem Weg zum Ritter (1)

Aufgaben:

1. Lies den Text.
2. Beantworte die Fragen auf Arbeitsblatt (2).
   Trage die Antworten in das Kreuzworträtsel ein.
3. Wie lief die Ausbildung zum Ritter ab?
   Arbeitet zu zweit und erstellt ein Plakat.
   Sucht nach Informationen im Internet und in Büchern!

Heute ist Rulffs großer Tag! Er hat viel gelernt und hart trainiert, um Ritter zu werden. Mit 7 Jahren begann seine Ausbildung als Page auf einer Burg. Seit seinem 14. Lebensjahr diente er seinem Lehrmeister als Knappe. Rulff ist nun 21 Jahre alt und wieder auf der Burg seines Vaters. Heute wird er zum Ritter geschlagen! Zur Feier des Tages findet ein großes Turnier statt.

Schon früh am Morgen helfen die Knappen auf Burg Hohenfels Rulff beim Ankleiden. Bisher war er einer der Knappen und hatte diese Aufgaben zu verrichten. Rulff ist sehr aufgeregt. Unten ertönen Posaunen, Hörner und Trommeln. Rulffs Vater, Ritter Johann von Hohenfels, reitet mit seinem Gefolge in den Burghof ein. Alle betreten prächtig gekleidet die Burgkapelle. Der Priester segnet das Schwert und schlägt damit leicht auf Rulffs Schulter. Nun ist Rulff der junge Ritter von Hohenfels. Sein Vater überreicht ihm einen prächtigen Schild mit dem Wappen von Hohenfels und eine Ritterrüstung.

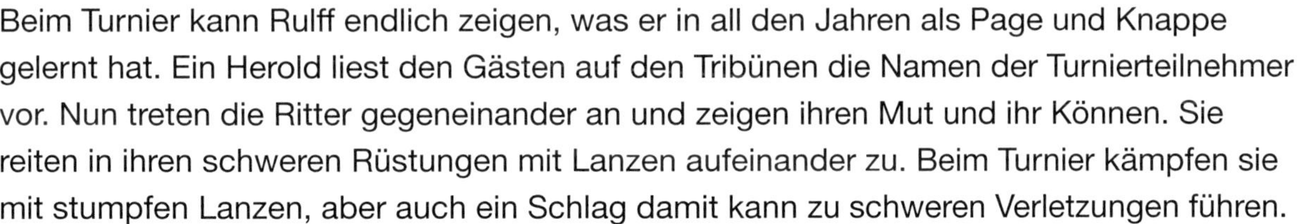

Beim Turnier kann Rulff endlich zeigen, was er in all den Jahren als Page und Knappe gelernt hat. Ein Herold liest den Gästen auf den Tribünen die Namen der Turnierteilnehmer vor. Nun treten die Ritter gegeneinander an und zeigen ihren Mut und ihr Können. Sie reiten in ihren schweren Rüstungen mit Lanzen aufeinander zu. Beim Turnier kämpfen sie mit stumpfen Lanzen, aber auch ein Schlag damit kann zu schweren Verletzungen führen.

Nun tritt Rulff gegen Ritter Konrad an. Beide sitzen in voller Rüstung auf ihren Pferden. Auf ein Zeichen des Burgherrn begrüßen sich beide. Sie schließen ihre Visiere und reiten aufeinander zu. Rulff stößt mit seiner Lanze mit aller Kraft auf den Schild von Konrad. Der Aufprall ist so heftig, dass beide von ihren Pferden stürzen. Knappen eilen schnell herbei und richten beide in ihren schweren Rüstungen wieder auf. Der Kampf wird nun am Boden mit Schwertern weitergeführt. Die Klingen klirren aufeinander. Rulff schafft es schließlich, seinem Gegner die Waffe aus der Hand zu schlagen. Der Kampf ist entschieden und der Burgherr wirft den Stab. Rulff ist der Sieger! Seine Eltern sind sehr stolz auf ihn. Der große Tag endet am Abend mit einem Festessen für alle Gäste.

Name: ______________________ Datum: ____________

Das Turnier – auf dem Weg zum Ritter (2)

1. Heute wird Rulff zum ______________ geschlagen.

2. Mit 7 Jahren wurde Rulff ein ______________ .

3. Mit 14 Jahren diente Rulff als ______________ .

4. Zu seinem Ehrentag findet ein großes ______________ statt.

5. Sein Vater schenkt ihm einen Schild und eine ______________ .

6. Der ______________ liest die Namen der Teilnehmer vor.

7. Die Ritter kämpfen mit stumpfen ______________ .

8. Rulff und Konrad reiten auf ihren ______________ aufeinander zu.

9. Am Boden kämpfen die beiden mit ______________ weiter.

10. Der Turniertag endet mit einem großen ______________ für alle Gäste.

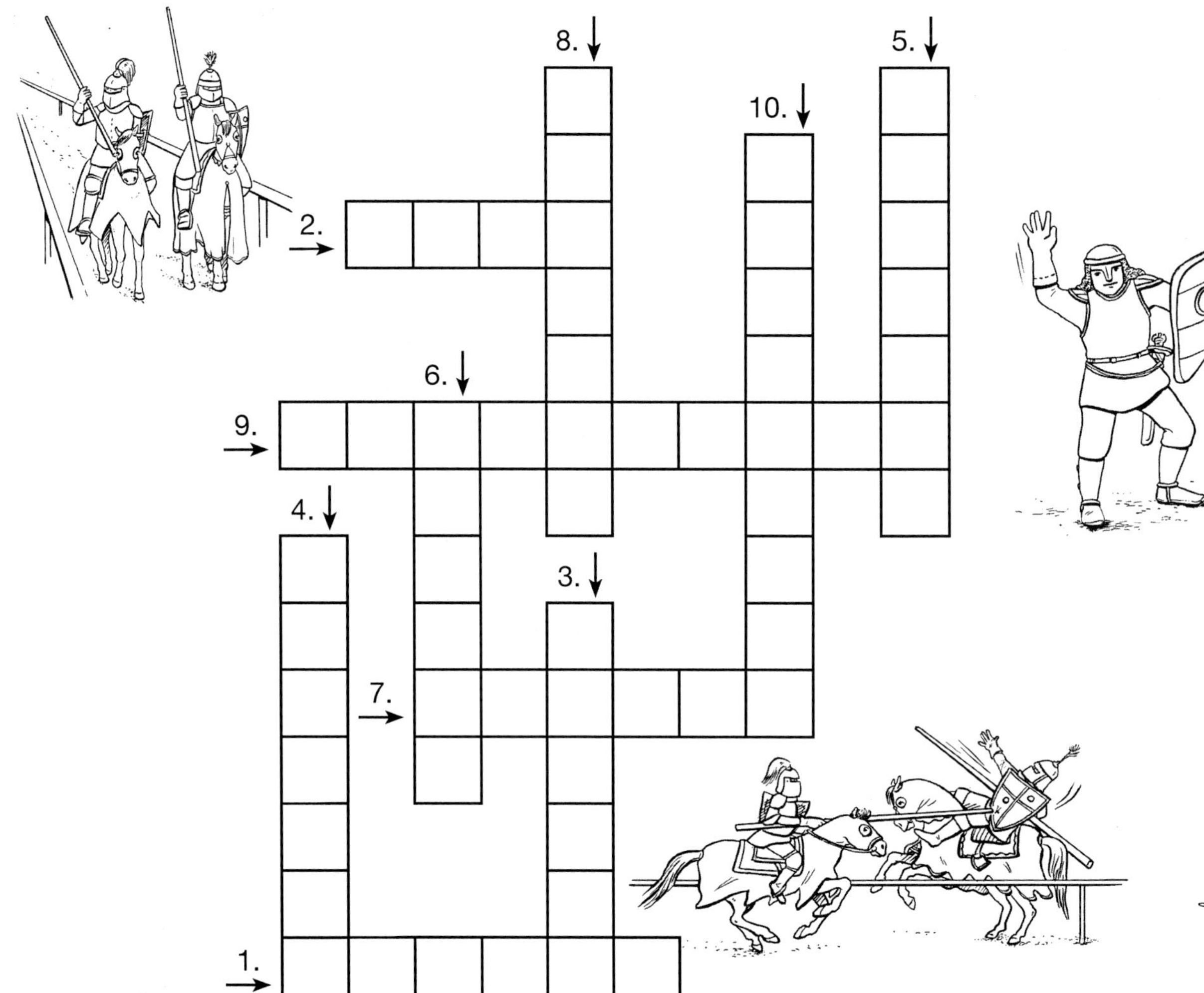

BVK • Eva-Maria Schmidt: Themenheft Geschichte „Ritter und Burgen“

Name: ______________________________ Datum: ______________

Die Ritterrüstung

Aufgaben:

1. Lies den Text.
2. Schneide die Bilder aus und klebe sie in die passenden Kästen.

Die Ritter schützten sich im Kampf und bei Turnieren durch eine Rüstung.
Am Anfang war dies eine **Kettenrüstung.** Sie bestand aus einem Kettenhemd aus vielen kleinen Eisenringen. Dazu trug der Ritter einen Eisenhelm mit Sehschlitzen. Über das Kettenhemd zog er einen Waffenrock. Der Waffenrock, der Helm und der Schild waren mit dem Wappen des Ritters geschmückt.
Einige Jahrhunderte später schützte sich der Ritter durch eine **Plattenrüstung.** Sie bestand aus einzelnen Metallplatten. Die Arme und Beine des Ritters waren mit eisernen Schienen gepanzert. Sein Eisenhelm hatte ein Visier zum Aufklappen.
Die Rüstung war sehr schwer. Sie wog etwa 30 Kilogramm.
Als Waffen hatte der Ritter eine lange **Lanze** und ein **Schwert** mit einer scharfen Klinge.

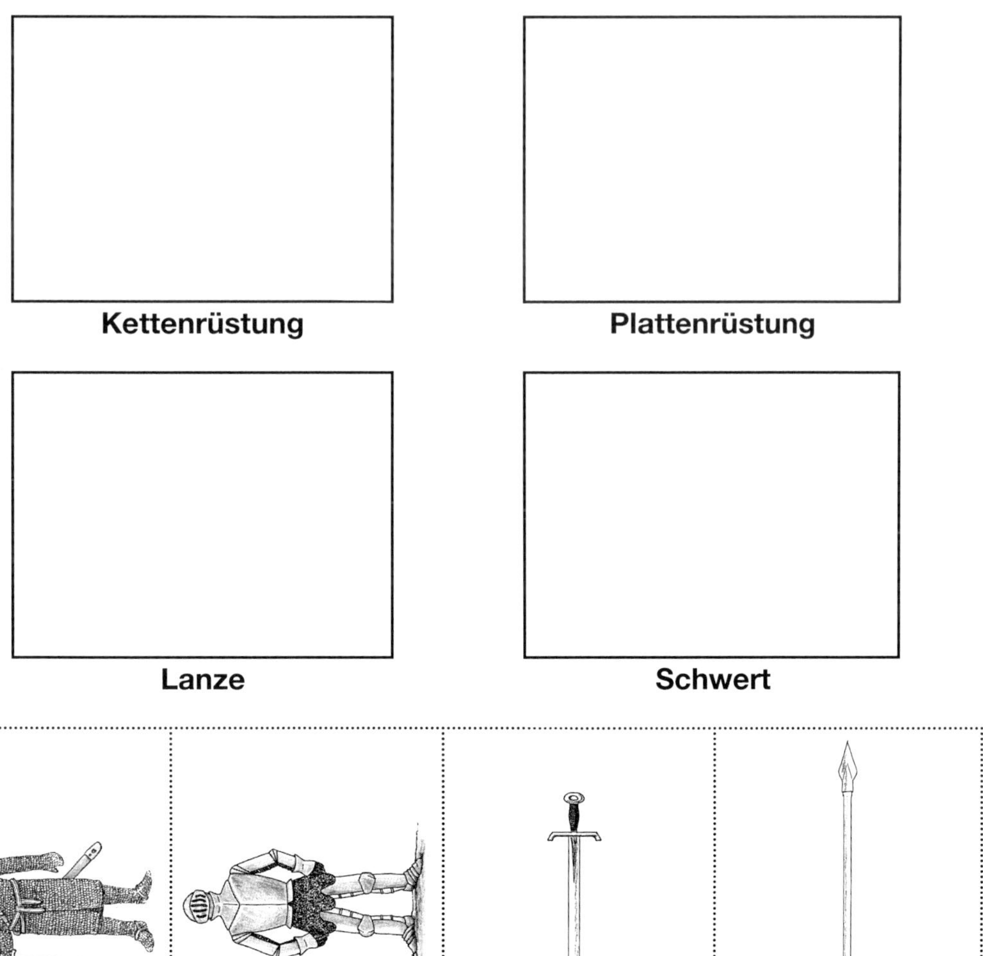

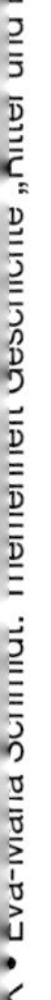

Name: ______________________________ Datum: ______________

Rüstungen und Waffen der Ritter (1)

Aufgaben:

1. Lies den Text.
2. Unterstreiche wichtige Informationen:
   Kettenrüstung = blau
   Plattenrüstung = rot
   Waffen = gelb
3. Benenne die Teile der Rüstungen auf Arbeitsblatt (2).
   Schreibe die Bezeichnungen auf die Linien.
   Tipp: Die Wörter im Kasten helfen dir!

Die ersten Rüstungen bestanden aus einem Kettenhemd aus vielen kleinen Eisenringen. Darüber trug der Ritter Handschuhe und einen Waffenrock mit seinem Wappen. Seinen Kopf schützte der Ritter durch einen Eisenhelm mit Sehschlitzen.

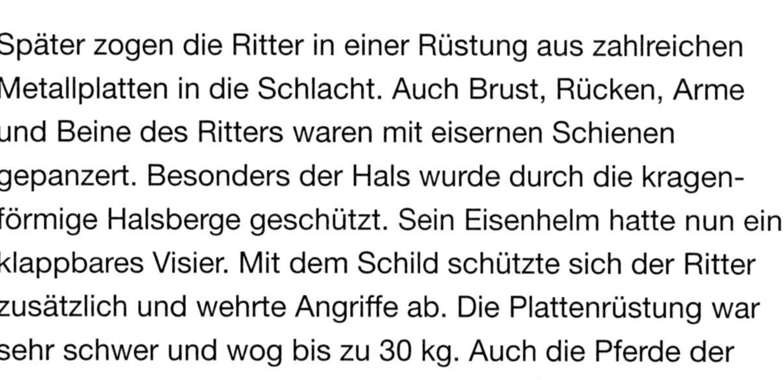

Später zogen die Ritter in einer Rüstung aus zahlreichen Metallplatten in die Schlacht. Auch Brust, Rücken, Arme und Beine des Ritters waren mit eisernen Schienen gepanzert. Besonders der Hals wurde durch die kragenförmige Halsberge geschützt. Sein Eisenhelm hatte nun ein klappbares Visier. Mit dem Schild schützte sich der Ritter zusätzlich und wehrte Angriffe ab. Die Plattenrüstung war sehr schwer und wog bis zu 30 kg. Auch die Pferde der Ritter wurden im Kampf durch Rüstungen geschützt.

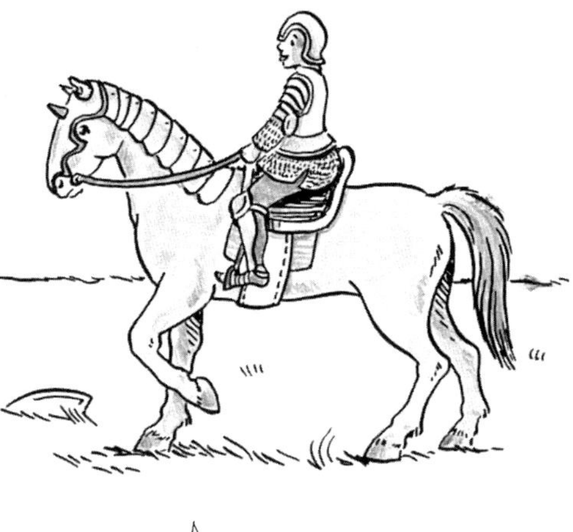

In der Schlacht kämpften die Ritter mit Lanze, Schwert und Streitaxt. Die Lanze war eine Stangenwaffe, die häufig 2 bis 3 Meter lang war. Sie wurde meistens beim Kampf vom Pferd aus eingesetzt. Mit dem kürzeren Schwert kämpften die Ritter eher am Boden. Die Streitaxt war sehr schwer und wurde deshalb für kurze, kräftige Hiebe genutzt. Die Klinge der Streitaxt war so scharf, dass mit einem gezielten Hieb auch Rüstungen gespalten werden konnten.

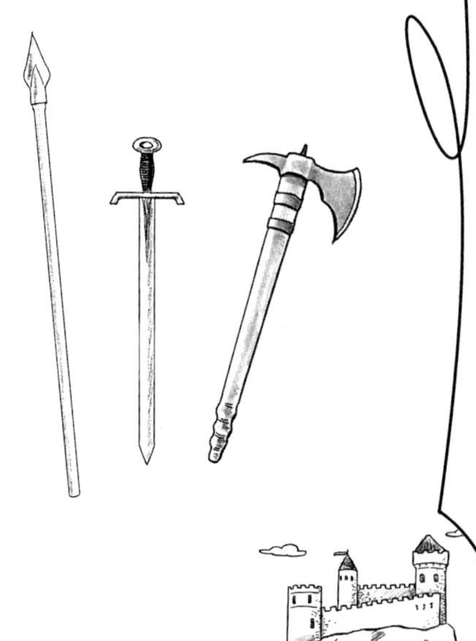

Name: ______________________________ Datum: ______________

Rüstungen und Waffen der Ritter (2)

Helm – Waffenrock – Kettenhemd –
Handschuh – Schild – Lanze

Helm – Visier – Brustpanzer – Halsberge –
Beinröhre – Armschiene – Panzerhandschuh –
Eisenschuh – Schwert

Name: ______________________________ Datum: ______________

Burgen früher und heute

Aufgaben:

1. Lies die Texte.
2. Schaue dir die Bilder an.
   Ordne sie den Texten zu und verbinde richtig.
3. Hast du schon einmal eine Burg besucht? Sprich mit einem Partner darüber.

Die ersten Burgen wurden im frühen Mittelalter auf Erdhügeln gebaut. Sie wurden Motte oder Turmhügelburg genannt. Die Burg bot den Menschen Schutz. Sie war aus Holz und bestand aus einem Turm. Dieser wurde von einem Palisadenzaun und einem Graben geschützt.

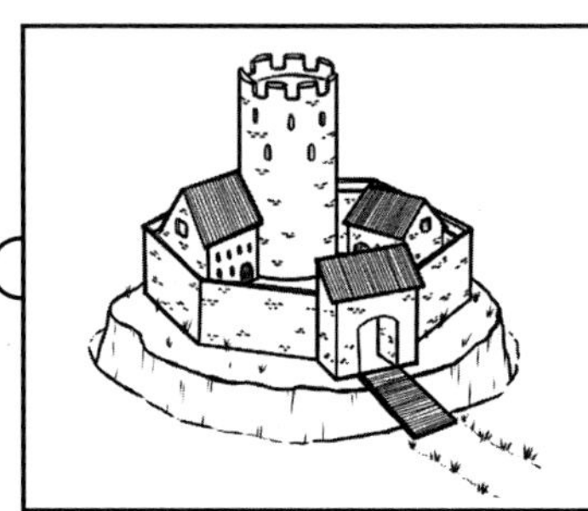

Im Laufe der Jahrhunderte wurde die Burg durch Wohnräume und Wirtschaftsgebäude zu einer Ritterburg erweitert. Die Burgen bestanden nun aus Stein und wurden durch dicke Mauern mit Wehrtürmen noch besser geschützt.

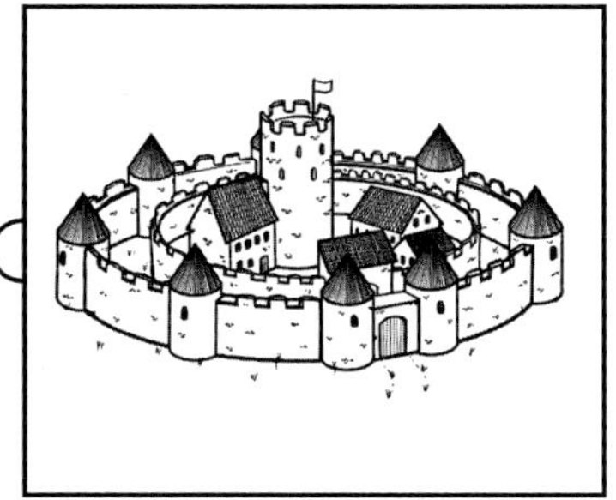

Im späten Mittelalter wurden viele Burganlagen zu prächtigen Schlössern ausgebaut. Auf dem Ritterschloss lebte es sich nun viel komfortabler.

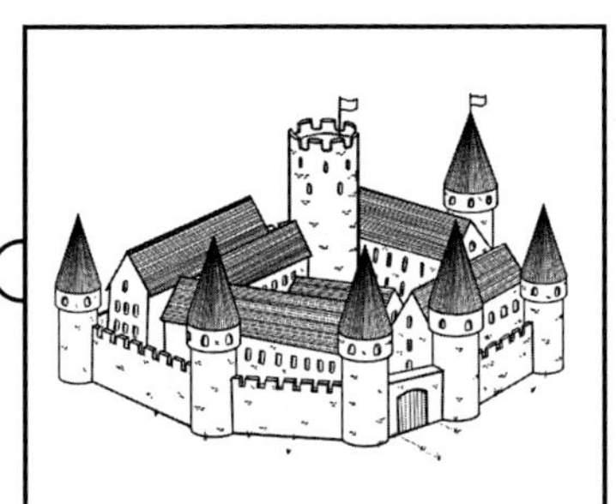

Die Zeit der Ritter und Burgen ist vorbei. Viele Burgen zerfielen im Laufe der Zeit zu Ruinen. Manche Burgen sind noch gut erhalten. Sie werden heute als Museum genutzt.

Helm
Der Helm bestand zuerst aus Leder, später aus Kupfer oder Eisen. Manchmal gab es Helme aus Gold. Mit einem Helm schützten sich die Ritter gegen Schläge oder Geschosse gegen den Kopf.

Den Kettenpanzer nennt man heute meistens Kettenhemd.
Es ist ein Schutzhemd, das unter der eigentlichen Rüstung getragen wurde. Es besteht aus vielen Metallringen, die geschweißt oder vernietet worden sind. Sie sind ineinander verflochten und bieten

Burgherr
Burgherrin
Priester
und Mönch
Schmied
Magd
Hofnarr

Name: ______________________ Datum: ____________

Verschiedene Burgen (1)

Aufgaben:

1. Lies den Text.
2. Schaue dir die Bilder an und beschrifte die Burgen.
   Tipp: Die fett gedruckten Wörter helfen dir dabei.

Die Menschen haben schon immer nach Plätzen gesucht, an denen sie geschützt vor Feinden und wilden Tieren leben konnten. Da sie diese sicheren Orte kaum in der Natur fanden, versuchten sie ihre eigenen Häuser zu sichern. Im Mittelalter entstanden so die ersten Burgen.

Viele Burgen wurden auf natürlichen Anhöhen wie zum Beispiel Bergen oder Gipfeln gebaut, weil die Burgbewohner sich von dort aus gut verteidigen konnten. Diese Burgen wurden **Höhenburgen** genannt.

Im Flachland war das schlechter möglich. Dort schüttete man künstliche Erdhügel an, auf der die Burg gebaut wurde. Diese Burgen nannte man **Motte** oder **Turmhügelburg.**
Viele Burganlagen wurden noch zusätzlich durch einen Wassergraben ringsherum geschützt. Diese Burgen bezeichnete man deshalb auch als **Wasserburgen.**
Schwer zugängliche Berghänge eigneten sich ebenfalls als Bauplatz für sogenannte **Hangburgen.**

Die ersten Ursprünge vieler Burgen liegen bereits mehr als tausend Jahre zurück im frühen Mittelalter. Im Laufe der Jahrhunderte wurden die Burgen weiter ausgebaut und immer stärker gesichert. Viele Burgen sind in der Vergangenheit leider zerstört worden. Manche Burgen und Ruinen sind jedoch noch gut erhalten. Diese nutzen wir heute häufig als Museum.

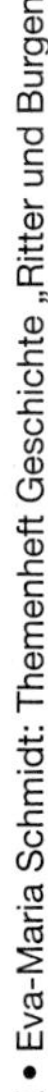
BVK • Eva-Maria Schmidt: Themenheft Geschichte „Ritter und Burgen“

Name: ______________________ Datum: ____________

Verschiedene Burgen (2)

1

____

2

____

3

____

4

____

Name: ______________________________ Datum: ______________

Der Aufbau einer Burg (1)

Aufgaben:

1. Schaue dir das Bild der Burganlage an.
   Du erkennst verschiedene Gebäude und Teile der Burg.
2. Lies die Erklärungen zu den Gebäudeteilen auf Arbeitsblatt (2).
3. Ordne die Begriffe den passenden Teilen der Burg zu.
   Trage die Zahlen in die Kreise ein.

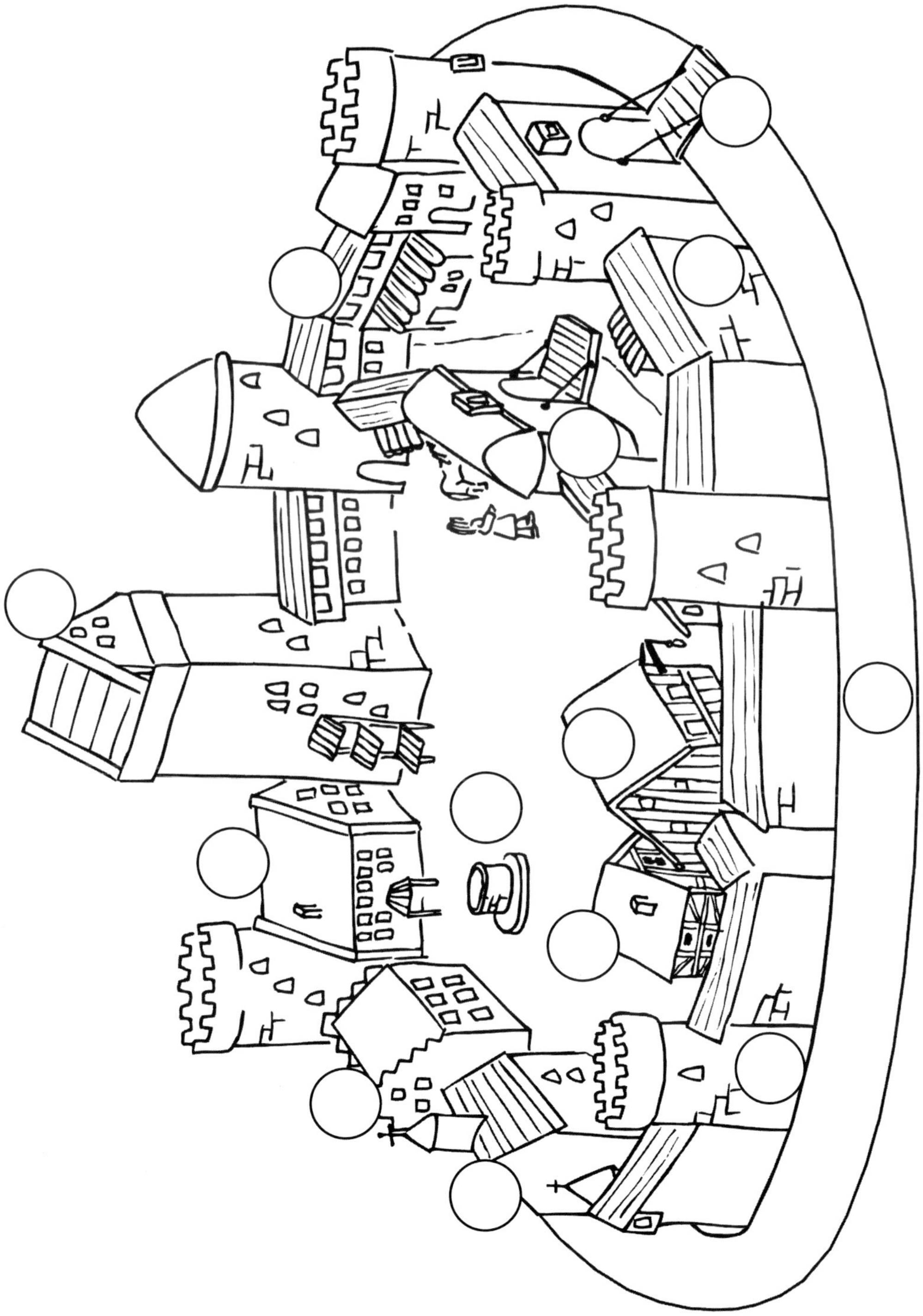

BVK • Eva-Maria Schmidt: Themenheft Geschichte „Ritter und Burgen“

Name: ______________________ Datum: ____________

Der Aufbau einer Burg (2)

1 Bergfried

Der Bergfried war das höchste Gebäude der Burganlage. Dort fanden die Burgbewohner Schutz bei Angriffen.

2 Palas mit Rittersaal

Der Palas war das Hauptgebäude der Burg. Hier befanden sich die privaten Wohnräume der Ritterfamilie und der große Rittersaal. Der Palas lag in den meisten Burgen direkt neben dem Bergfried.

3 Kemenate

Die Kemenate war ein beheizbarer Wohnraum. Die Burgherrin und die Kinder hielten sich häufig dort auf. In unserer Burg lag die Kemenate zwischen dem Palas und der Kapelle.

4 Kapelle

Da die Menschen im Mittealter sehr gläubig waren, gab es auf jeder Burg ein kleines Gotteshaus, eine Kapelle.

5 Wehrgang / Wehrtürme

Eine dicke Mauer mit Wehrtürmen schloss die gesamte Burg ein. Oben auf der Burgmauer befand sich ein geschützter Gang. Von hier aus konnte die Umgebung beobachtet und die Burg verteidigt werden.

6 Gesindehaus

Mit Gesinde bezeichnete man früher die Knechte und Mägde auf der Burg. Sie lebten zusammen im Gesindehaus. Dieses war sehr klein und einfach ausgestattet.

7 Zeughaus

Um längere Angriffe zu überstehen, wurden im Zeughaus Lebensmittelvorräte und Waffen gelagert.

8 Schmiede

Die Schmiede befand sich in der Vorburg. Hier wurden die Waffen und Rüstungen geschmiedet und die Pferde der Ritter beschlagen.

9 Tor mit Zugbrücke

Die Hauptburg konnte durch ein großes Tor mit einem Fallgitter und einer Zugbrücke geschlossen werden. Die Vorburg war durch eine weitere Zugbrücke über den Wassergraben geschützt.

10 Brunnen

Im Innenhof der Hauptburg befand sich ein Brunnen. Daraus schöpften die Burgbewohner ihr Wasser.

11 Stallungen und Scheunen

Die Ställe für die Tiere und Scheunen befanden sich in der Vorburg.

12 Burggraben

Ein Graben umgab die Burganlage und sollte vor Angreifern schützen.

Name: ______________________ Datum: ____________

So war die Burg aufgebaut (1)

Aufgaben:

1. Schaue dir das Bild der Burganlage an. Du erkennst verschiedene Gebäude und Teile der Burg.
2. Lies die Namen der Gebäude auf Arbeitsblatt (2).
   Schaue dir auch den Grundriss an.
3. Schreibe die Begriffe richtig auf die Linien der Burg.
4. Informiere dich zusätzlich im Internet über den Aufbau einer Burg im Mittelalter. Wofür wurden die verschiedenen Gebäude genutzt? Schaue dir auch diese Animation an: QR-Code)
   Mache dir Notizen und stelle sie einem Partner vor.

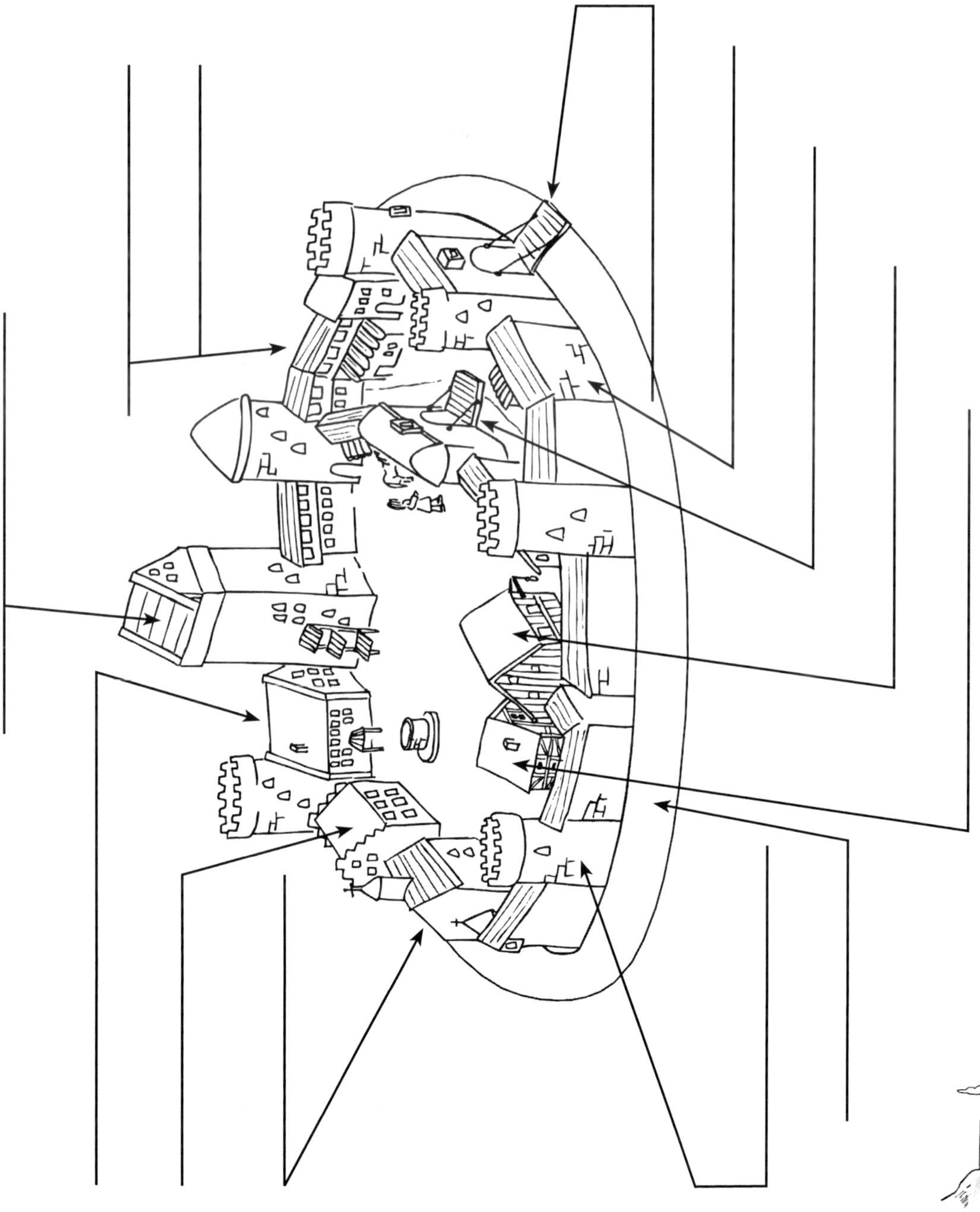

Name: ______________________ Datum: ____________

So war die Burg aufgebaut (2)

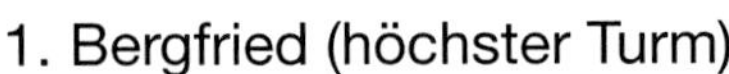

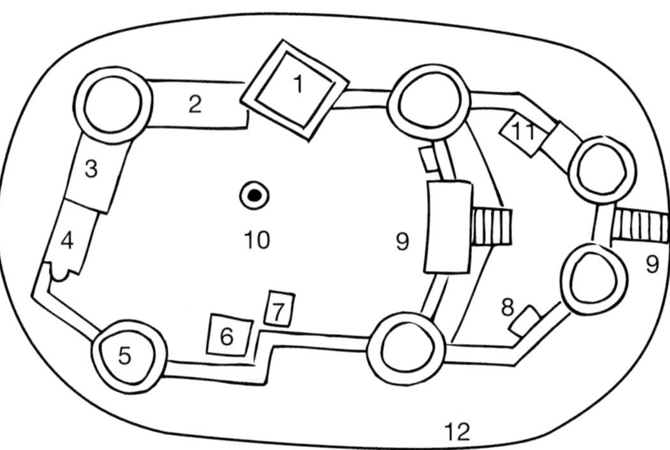

1. Bergfried (höchster Turm)
2. Palas mit Rittersaal (Hauptgebäude, meist neben dem Bergfried)
3. Kemenate (beheizter Wohnraum)
4. Kapelle (mit Kreuz auf dem Dach)
5. Wehrgang / Wehrtürme
6. Gesindehaus (kleines Wohngebäude für Knechte und Mägde)
7. Zeughaus (Lager für Vorräte)
8. Schmiede in der Vorburg
9. Tore mit Zugbrücken zur Hauptburg und zur Vorburg
10. Brunnen im Innenhof
11. Stallungen und Scheunen in der Vorburg
12. Burggraben

So war eine Burg im Mittelalter aufgebaut

BVK • Eva-Maria Schmidt: Themenheft Geschichte „Ritter und Burgen"

Name: ____________________ Datum: ____________

Menschen auf der Burg

Aufgaben:

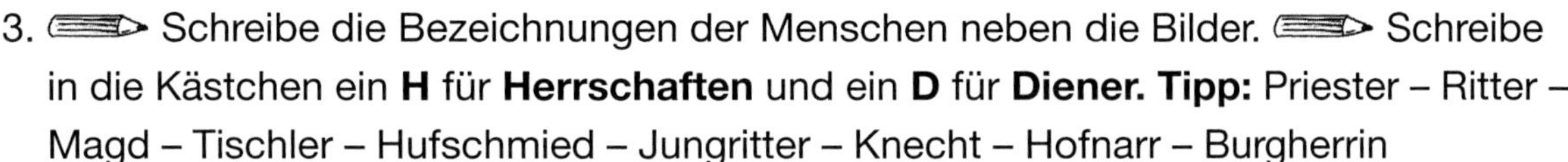

1. Lies den Text.
2. Schaue dir nun die Bilder der Burgbewohner an.
3. Schreibe die Bezeichnungen der Menschen neben die Bilder. Schreibe in die Kästchen ein **H** für **Herrschaften** und ein **D** für **Diener. Tipp:** Priester – Ritter – Magd – Tischler – Hufschmied – Jungritter – Knecht – Hofnarr – Burgherrin
4. Male die Bilder aus.

Auf einer mittelalterlichen Burg lebten etwa 60 bis 70 Menschen. Sie unterschieden sich nach *Herrschaften* und *Dienern.* Die Herrschaften waren oft adlig und die Diener arbeiteten für sie.
Zu den Herrschaften gehörten der Burgherr, die Burgherrin und ihre Kinder. Herrschaften waren aber auch Priester oder durchreisende Ritter, die als Gäste auf der Burg wohnten.
Zur Dienerschaft einer Burg gehörten Knechte und Mägde. Sie kümmerten sich um den Haushalt und die Tiere, holten Wasser und Holz oder wuschen Wäsche.
Auf der Burg arbeiteten auch viele Handwerker, zum Beispiel Köche und Brotbäcker, Schmiede, Weber oder Zimmermänner.

______ ______ ______ ______ ______

______ ______ ______ ______

Name: ____________________ Datum: __________

Menschen und ihre Arbeit auf der Burg

Aufgaben:

1. Lies den Text.
2. Im Text werden viele Menschen erwähnt. Unterstreiche sie rot.
3. Suche dir einen Arbeitspartner. Entscheidet euch für einen Burgbewohner und schreibt möglichst viele Aufgaben auf, die er oder sie erledigen musste.
4. Informiert euch, wie genau diese Aufgaben im Mittelalter erledigt wurden. Beachtet, dass es noch keine elektrischen Geräte gab! Schreibt alles möglichst genau auf.

Auf der mittelalterlichen Ritterburg ging es betriebsam zu, denn dort lebten etwa 60 bis 70 Menschen. Der Burgherr und seine Familie wohnten im Palas, dem größten Wohngebäude auf der Burg. Die Aufgabe des Burgherrn war es, sein Land und die Burg zu verwalten. Er legte Steuern und Abgaben fest, die die Bauern der Umgebung an ihn zahlen mussten. Der Burgherr schlichtete aber auch Streitigkeiten, verhängte Urteile und ordnete Strafen an. Die Burgherrin kümmerte sich um die Erziehung der Kinder.
Außerdem organisierte sie den Haushalt auf der Burg und verteilte Aufgaben an die verschiedenen Bediensteten.

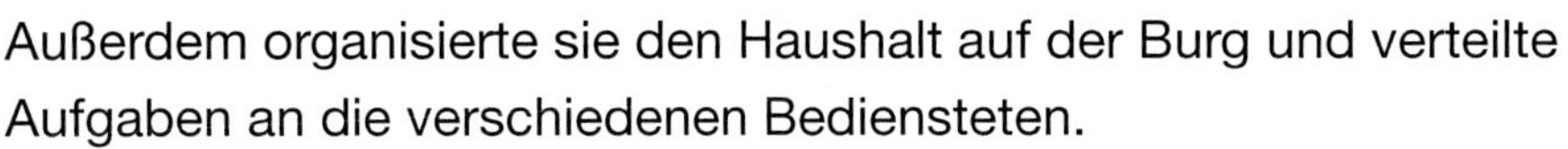

Die Knechte kümmerten sich um die Tiere in den Ställen, auf den Feldern und in den Wäldern. Sie holten Wasser aus dem Brunnen und hackten Feuerholz. Die Knechte hielten auch die Waffen in Ordnung, die in Kriegszeiten und zur Jagd benötigt wurden. Die Mägde halfen der Burgherrin. Sie erledigten die tägliche Arbeit in der Küche und in den Kammern. Sie putzten, wuschen Wäsche, spannen Wolle und webten Stoffe.

Wichtige Aufgaben hatten auch die Handwerker auf der Burg. In der Burgküche bereiteten Köche und Brotbäcker die Speisen zu. Der Schmied beschlug die Hufe der Pferde, stellte aber auch Haushaltswaren und Waffen her. Um die Instandhaltung der Gebäude kümmerten sich Zimmermänner, Schindelmacher, Steinmetze und viele andere Handwerker.
Auf der Burg gab es auch einen Priester. Er hielt den Gottesdienst für die Bewohner ab. Außerdem unterrichtete er die Kinder des Burgherrn und brachte ihnen zum Beispiel Lesen und Schreiben bei.

Name: ______________________ Datum: __________

Redensarten aus der Ritterzeit (1)

Aufgaben:

1. Schneide alle Karten aus.
2. Suche dir einen Arbeitspartner. Legt immer jeweils drei Karten zusammen: die Redensart (R), ihre Bedeutung (B) und die Erklärung (E).
3. Überlegt gemeinsam, welche Redensart ihr schon einmal benutzt habt. Gibt es auch Redensarten, die ihr gar nicht kanntet?
4. Kennt ihr noch weitere Redensarten? Schreibt sie auf. Ergänzt zu euren Redensarten auch die Bedeutung und Erklärung. **Tipp:** Sucht im Internet unter „Redensarten" nach Informationen.

Diese Redensarten stammen aus der Ritterzeit. Wir benutzen sie oft noch heute und kennen meistens ihre Bedeutung. Häufig wissen wir aber nicht, welche ursprüngliche Erklärung sie haben.

Redensart	Bedeutung	Erklärung
auf einem hohen Ross sitzen (R)	eingebildet sein sich für etwas Besseres halten (B)	In früheren Zeiten konnten sich nur reiche Menschen Pferde leisten. Von ihren Pferden schauten sie von oben auf die ärmere Bevölkerung herab. (E)
für jemanden die Lanze brechen (R)	sich für jemanden einsetzen (B)	Die Ritter kämpften bei einem Turnier, um edlen Damen zu gefallen. Sie brachen also für sie die Lanzen. (E)
jemanden im Visier haben (R)	jemanden genau beobachten (B)	Im Visier einer Ritterrüstung waren Sehschlitze. Der Ritter konnte so mit heruntergeklapptem Visier jemanden beobachten, ohne selbst erkannt zu werden. (E)

Name: ______________________ Datum: ____________

Redensarten aus der Ritterzeit (2)

etwas im Schilde führen Ⓡ	etwas vorhaben Ⓑ	Im Kampf war durch die Rüstungen kaum zu unterscheiden, ob jemand Freund oder Feind war. Deshalb führten die Ritter Schilde mit ihren Wappen mit. Man erkannte also am Schild, was jemand vorhatte: Hilfe oder Angriff. Ⓔ
jemandem unter die Arme greifen Ⓡ	jemandem helfen Ⓑ	Da der Ritter in seiner Rüstung nicht alleine auf sein Pferd steigen konnte, griff der Knappe ihm unter die Arme und half ihm dabei.
fest im Sattel sitzen Ⓡ	sich einer Sache ganz sicher sein Ⓑ	Ein Ritter musste beim Turnier oder im Kampf fest und sicher auf seinem Pferd sitzen, damit er im Kampf nicht hinunterfiel.
etwas ausbaden müssen Ⓡ	für etwas einstehen, was andere verursacht haben Ⓑ	Früher benutzen mehrere Menschen im Badefass nacheinander dasselbe Badewasser. Die letzte Person war am schlechtesten dran, weil das Wasser inzwischen schmutzig und kalt war. Außerdem musste sie es auch noch ausgießen. Ⓔ
im Stich lassen Ⓡ	jemanden allein lassen Ⓑ	Wenn ein Ritter einen anderen im Kampf oder beim Turnier verließ, setzte er ihn schutzlos den Angriffen (Stichen) seiner Gegner aus. Ⓔ

Name: ________________________________ Datum: ______________

Das Ritterturnier

Aufgaben:

1. Lies den Text. Unterstreiche die Verben farbig.
2. Trage die Verben in den richtigen Zeitformen in die Tabelle ein.
3. Das Turnier fand vor langer Zeit statt.
   Schreibe den Text in der Vergangenheit (Präteritum) ab.

Viele Ritter reisen am Turniertag von weither an. Auf der Tribüne drängen sich die Zuschauer in ihren prächtigen Gewändern. Da erscheint der Burgherr. Sein Sohn Rulff beweist heute, dass er die Ritterkunst beherrscht. Rulff und sein Gegner Bartel sitzen schon in voller Rüstung auf ihren Pferden, die aufgeregt wiehern. Auf ein Zeichen des Burgherrn grüßen sich beide höflich und reiten aufeinander zu. Sie stoßen mit den Lanzen so heftig gegeneinander, dass sie vom Pferd fallen. Nun führen sie den Kampf mit dem Schwert am Boden weiter. Plötzlich schlägt Rulff seinem Gegner die Waffe aus der Hand. Der Burgherr wirft sofort den Stab. Der Kampf ist vorbei!

Gegenwart / Präsens	**Einfache Vergangenheit / Präteritum**	**Zusammengesetzte Vergangenheit / Perfekt**
sie reisen	sie reisten	sie sind gereist
sie drängen sich		
er erscheint		
er beweist		
er beherrscht		
sie sitzen		
sie wiehern		
sie grüßen sich		
sie reiten		
sie stoßen		
sie fallen		
sie führen		
er schlägt		
er wirft		
er ist		

Name: ______________________________ Datum: ______________

Frauen auf der Burg

Aufgaben:

1. Lies den Text.
2. Suche dir einen Arbeitspartner. Überlegt gemeinsam, wie Frauen und Mädchen früher lebten. Welche Rechte hatten sie? Tragt eure Gedanken in die linke Spalte der Tabelle ein.
3. Wie leben Frauen und Mädchen heute? Welche Rechte haben sie? Tragt eure Gedanken dazu in die rechte Spalte ein. Vergleicht die Lebensweise und Rechte der Frauen von früher und heute. Was fällt euch dabei auf? Sprecht darüber.
   Tipp: Sucht auch nach weiteren Informationen im Internet.

Die Frau des Ritters wohnte mit ihren Kindern in der Kemenate. Die Kemenate war ein Teil des Palas oder ein Nebengebäude und konnte durch einen offenen Kamin beheizt werden. Die Burgherrin kümmerte sich um die Erziehung der Kinder und war verantwortlich für viele Abläufe des Haushalts.
Ihr waren, wie auch dem Burgherrn, alle Burgbewohner zum Gehorsam verpflichtet. Die Burgherrin hatte Dienerinnen, die ihr beim Ankleiden halfen und ihr Gesellschaft leisteten. Als Adlige genoss sie auch außerhalb der Burg großes Ansehen.

Der Burgherrin ging es zwar besser als den Mägden auf der Burg oder den Bauersfrauen in der Umgebung, aber auch ihr Leben war abhängig von ihrem Mann. Es war bestimmt durch ihre Rolle als Ehefrau und Mutter. Einen eigenen Beruf durfte sie nicht ausüben und sie hatte kaum eigene Rechte. Nur sehr wenige Frauen lernten im Mittealter überhaupt lesen und schreiben. Dafür war gutes Benehmen umso wichtiger. Die adligen Mädchen übten schon früh tanzen, musizieren, kochen oder Handarbeiten wie Nähen und Sticken. So wurden sie auf ihre spätere Rolle als Ehefrau vorbereitet. Im Alter von etwa 14 Jahren wurden die Mädchen verheiratet. Mädchen im Mittelalter mussten schon früh bei der täglichen Arbeit helfen, vor allem wenn ihre Eltern Handwerker oder Bauersleute waren.

Mädchen und Frauen im Mittelalter	Mädchen und Frauen heute

Name: ______________________________ Datum: ______________

Wappen

Aufgaben:

1. Lies den Text.
2. Gestalte dein eigenes Wappen!
3. Informiere dich über das Wappen deiner Stadt.
   Male es ab und schreibe seine Bedeutung dazu.
   Stelle das Wappen in der Klasse vor.
   Tipp: Wenn deine Stadt kein Wappen führt, informiere dich über das Wappen deines Bundeslandes!

Wappen waren die Erkennungszeichen eines Ritters, seiner Familie und seiner Gefolgsleute. Das Wappen schmückte den Schild des Ritters. So erkannte er im Kampf Freund oder Feind. Im Wappen waren häufig Bilder starker Tiere wie Löwen, Bären oder Adler zu erkennen. Sie standen für die Macht der Wappenträger.
Auch auf der Burg wehten Fahnen mit dem Wappen des Burgherrn. Sein Wappen schmückte oft auch das Burgtor oder die Burgfenster.
Noch heute finden wir Wappen. Häufig haben sie aus alter Zeit die Form eines Schildes. Einige Familien haben noch eigene Familienwappen. Aber auch Städte, Bundesländer und Staaten führen Wappen. Das Bundeswappen ist das Wappen von Deutschland. Darauf ist der Bundesadler zu erkennen.

Mein eigenes Wappen

Stadtwappen

Name: ________________________________ Datum: ______________

Eine Ritterburg bauen

Du brauchst: Papprollen (z. B. Toilettenpapier, Küchenrolle), Kartons, Konservendosen, leere Becher (z. B. Joghurt), Pappe, Schere, Kleber, Stifte, Bastelfarben, Pinsel

So geht es:
Sammle Abfallmaterialien, wie zum Beispiel Papprollen, Kartons, Verpackungen, Konservendosen, Joghurtbecher …

Gestalte mit den Materialien deine eigene Ritterburg. Aus den Kartons kannst du zum Beispiel eckige Burggebäude gestalten. Verwende für die Türme Papprollen, Becher oder Dosen. Für die Turmspitzen kannst du Kreise aus Pappe ausschneiden. Schneide die Kreise bis zur Mitte ein und rolle sie zu Turmdächern ein. Damit deine Burg stabil steht, klebe alle Materialien auf einen Boden aus Pappe. Zum Schluss kannst du deine Burg noch mit Stiften verzieren oder farbig anmalen.

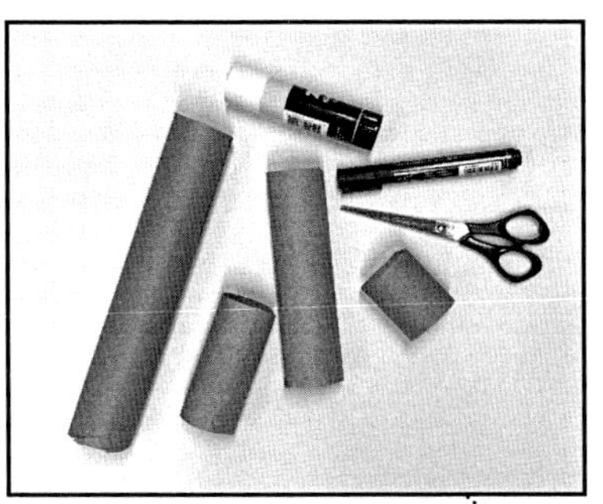

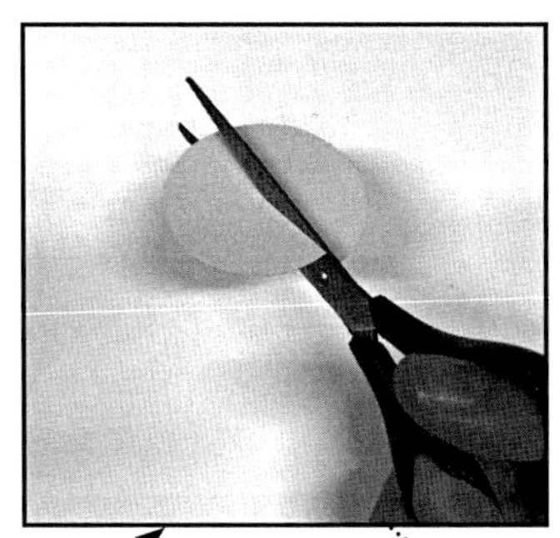

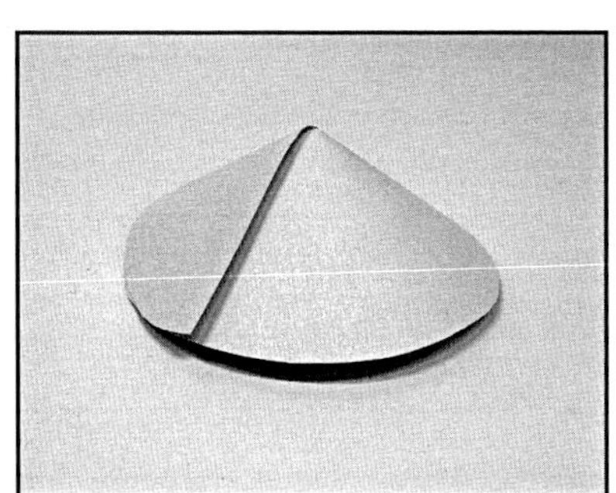

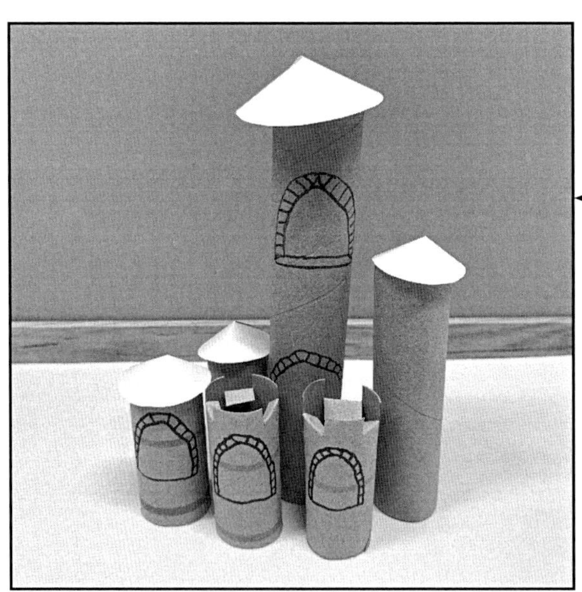

Name: ______________________ Datum: ______________

Mein Ritter- und Burgen-Lexikon (1)

Aufgaben:

1. Du bist inzwischen Ritter- und Burgen-Experte. Hier kannst du dein Ritter- und Burgen-Lexikon basteln.
   Schneide zunächst alle Seiten sauber entlang der gepunkteten Linien aus.
2. Lege sie in der richtigen Reihenfolge aufeinander und hefte sie an der linken Seite zusammen.
3. Schreibe nun zu den Begriffen kurze Erklärungen auf die Linien.
   Tipp: Die Stichwörter helfen dir.

beheizter Gebäudeteil der Burg • Handwaffe • 2. Erziehungsstufe zum Ritter • Schusswaffe • Klappe am Ritterhelm • 1. Erziehungsstufe zum Ritter • Der Knappe wird ein Ritter • lange Stoßwaffe • höchster Turm der Burganlage • Wohnturm in einer Burganlage • schützt den Ritter im Kampf und beim Turnier • Zeitalter der Ritter und Burgen • künstlich angelegter Hügel, auf dem eine Burg errichtet wurde

Ritter und Burgen-Lexikon

von

____

Armbrust

____

____

____

Bergfried

____

____

____

Name: ______________________________ Datum: ____________

Mein Ritter- und Burgenlexikon (2)

Kemenate

___
___
___

Knappe

___
___
___

Lanze

___
___
___

Mittelalter

___
___
___

Motte

___
___
___

Page

___
___
___

Palas

___
___
___

Ritterschlag

___
___
___

Rüstung

___
___
___

Schwert

___
___
___

Visier

___
___
___

___
___
___

BVK • Eva-Maria Schmidt: Themenheft Geschichte „Ritter und Burgen“

Name: ______________________________ Datum: ______________

Was hast du behalten?

1. Wann gab es das Rittertum? ☒ Kreuze an.

☐ Bei den Römern gab es das Rittertum.

☐ Vor etwa 200 Jahren gab es das Rittertum.

☐ Im Mittelalter gab es das Rittertum.

2. Mit 7 Jahren begann die Erziehung zum Ritter. Den jungen Rittersohn nannte man nun ______________________________ .

3. Mit 14 Jahren wurde er zum ______________________ .

4. Was versteht man unter einem „Ritterschlag"? ☒ Kreuze an.

☐ Die Ritter kämpfen bei einem Turnier mit dem Schwert gegeneinander.

☐ Der Knappe wird mit 21 Jahren bei einer großen Feier zum Ritter ernannt.

☐ Der Ritter verliert den Kampf und gibt sich geschlagen.

5. Welche Waffen hatten die Ritter damals? ◯ Kreise ein.

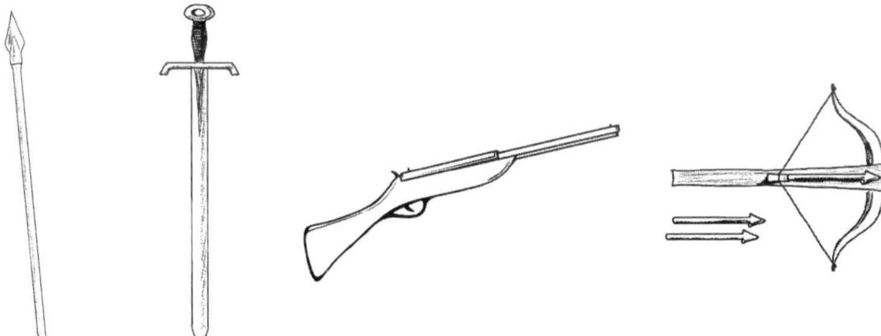

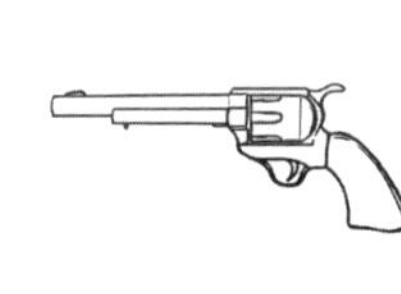

6. Welche Rüstung trug ein Ritter? ☒ Kreuze an.

☐ Kieselrüstung

☐ Plattenrüstung

☐ Tafelrüstung

7. Wie wurden die ersten Burgen auf Erdhügeln genannt? ______________________

8. Wie nennt man den höchsten Turm der Burganlage? ______________________

9. Wer lebte auf einer mittelalterlichen Burg? ☒ Kreuze an.

☐ Die Ritterfamilie lebte allein auf ihrer Burg.

☐ Niemand. Die Burg wurde nur in Kriegszeiten zum Schutz genutzt.

☐ Die Ritterfamilie, Knechte, Mägde, Priester und Gäste lebten auf der Burg.

Lösungen (1)

zu S. 10:

Herrscher	Kaiser/König
Adel	Fürsten/Bischöfe/Grafen/Ritter
freie Menschen	Freie Bauern/Bürger
Leibeigene	Bauern

zu S. 11:

	Richtig ☺	Falsch ☹
Das Rittertum entstand im Jahr 1500 n. Chr.		X
Die ersten Ritter gab es im frühen Mittelalter.	X	
Der Ritter zog für den König in den Krieg.	X	
Alle Ritter lebten auf einer Burg.		X
Die Bauern arbeiteten für die Ritter.	X	
Die Ritter waren sehr angesehen.	X	
Ritter mussten eitel und stur sein.		X

zu Seite 12:
Die ersten Ritter gab es im **frühen** Mittelalter. Sie zogen für den **König** in den Krieg und erhielten von ihm als Lohn **Land** und Dörfer. Ärmere Ritter lebten in den **Dörfern.** Nur wenige konnten sich eine **Burg** leisten. Durch die Abgaben der Bauern wurden viele Ritter im Laufe der Zeit **wohlhabend** und erlangten hohes Ansehen.

zu S. 16:

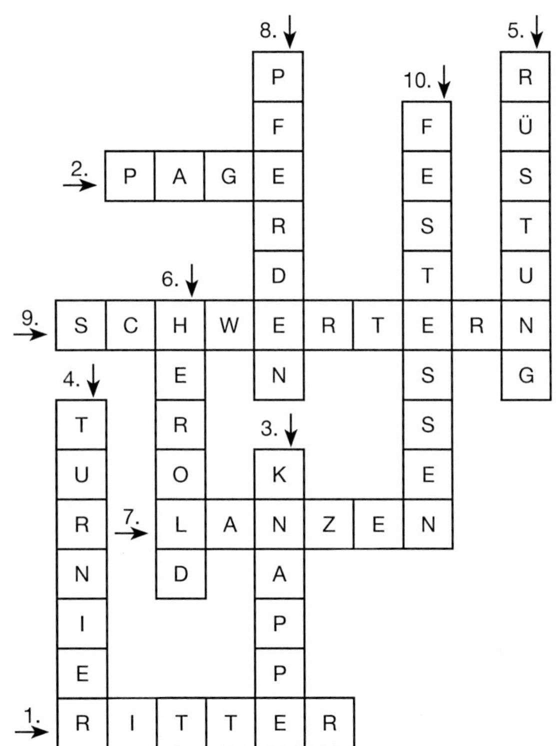

Lösungen (2)

zu S. 19:

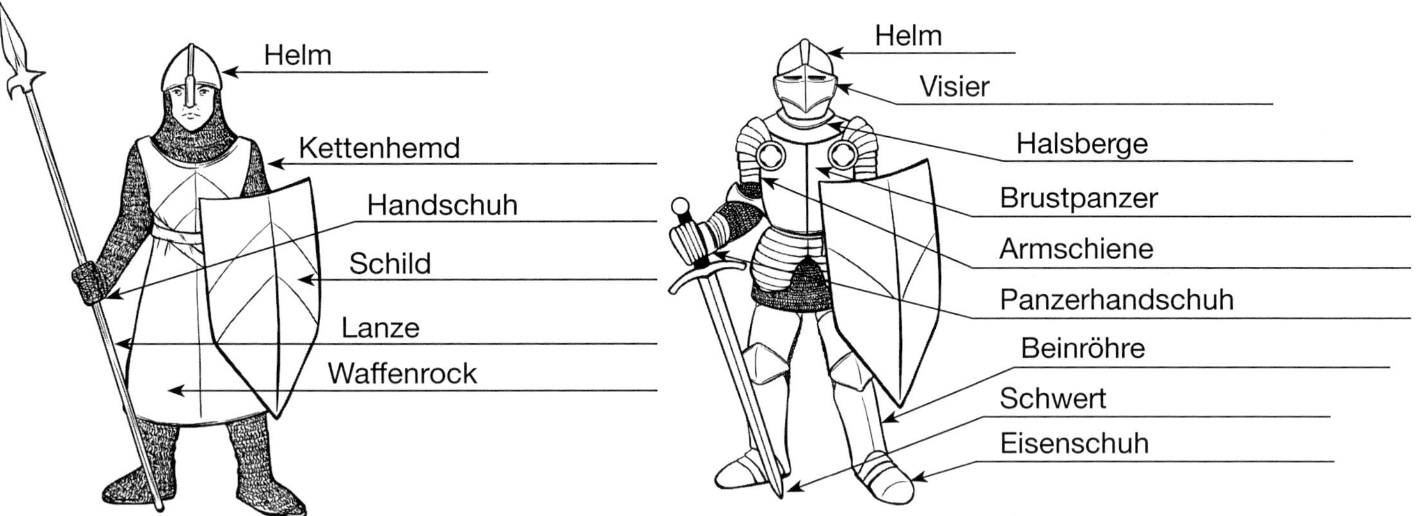

zu S. 29:

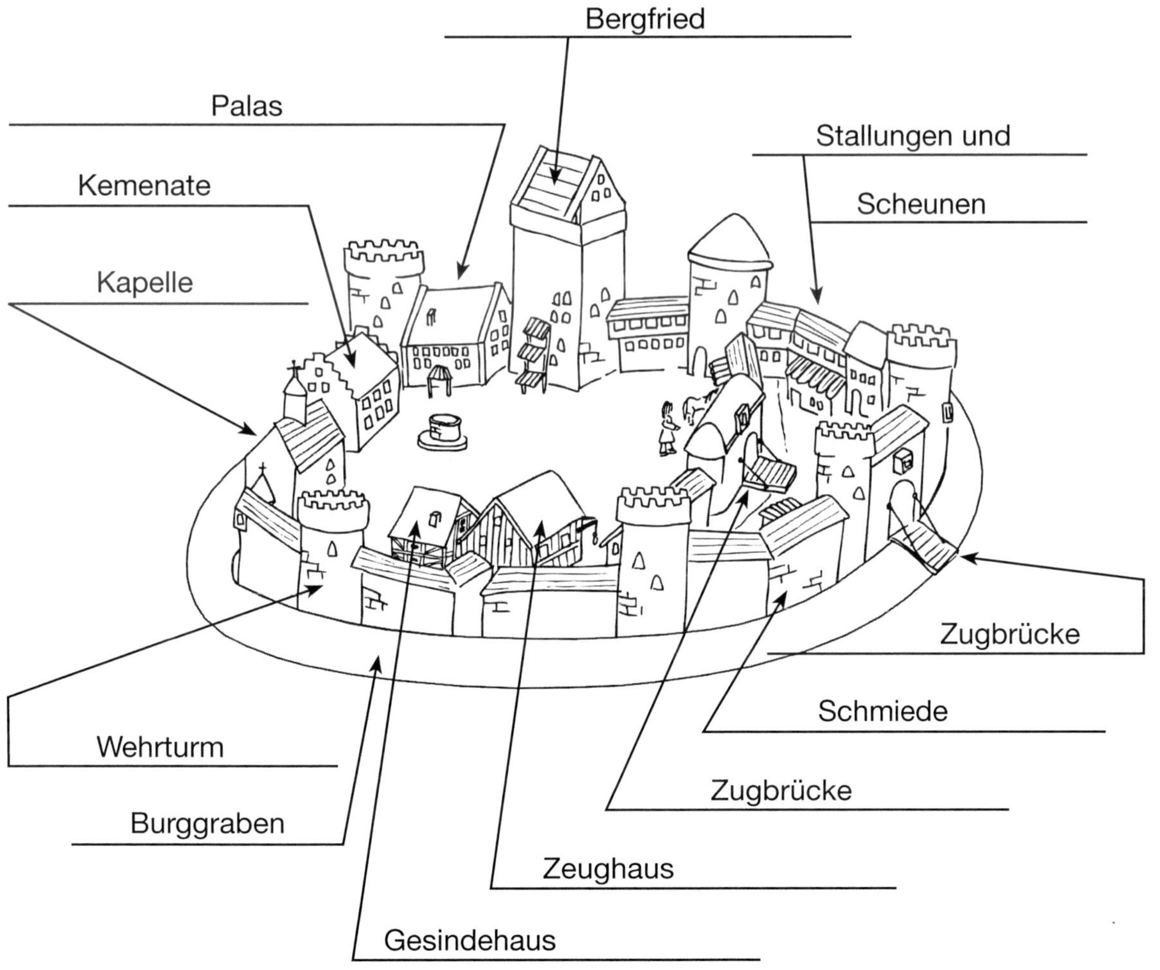

zu S. 31:

H – D – H – D – D
D – H – H – D

Lösungen (3)

zu S. 37:

Gegenwart / Präsens	Einfache Vergangenheit / Präteritum	Zusammengesetzte Vergangenheit / Perfekt
sie reisen	sie reisten	sie sind gereist
sie drängen sich	sie drängten sich	sie haben sich gedrängt
er erscheint	er erschien	er ist erschienen
er beweist	er bewies	er hat bewiesen
er beherrscht	er beherrschte	er hat beherrscht
sie sitzen	sie saßen	sie haben gesessen
sie wiehern	sie wieherten	sie haben gewiehert
sie grüßen sich	sie grüßten sich	sie haben sich gegrüßt
sie reiten	sie ritten	sie sind geritten
sie stoßen	sie stießen	sie haben gestoßen
sie fallen	sie fielen	sie sind gefallen
sie führen	sie führten	sie haben geführt
er schlägt	er schlug	er hat geschlagen
er wirft	er warf	er hat geworfen
er ist	er war	es ist gewesen

zu S. 41:

1. Im Mittelalter gab es das Ritterturm.
2. Page
3. Knappe
4. Der Knappe wird mit 21 Jahren bei einer großen Feier zum Ritter ernannt.
5. 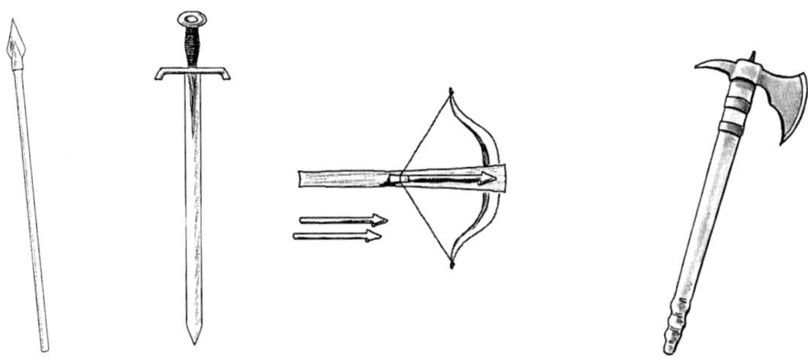

6. Plattenrüstung
7. Motte / Turmhügelburg
8. Bergfried
9. Die Ritterfamilie, Knechte, Mägde, Priester und Gäste leben auf der Burg.